リノベーションで
住まいと暮らしの再生を

家は家族にとって大切な安らぎの場所。

今の住まいに、「夏の暑さや冬の寒さ」

「地震が来たときの耐震面の不安」など

さまざまな問題を抱えている人。

住宅取得を検討している中で、

祖父母や両親が所有する古屋を受け継いだ方、

中古住宅や中古マンションの購入を考えている人。

そんな人たちにおすすめしたいのが、リノベーションです。

家の不具合を解決してくれて住宅性能が格段にUP!

コスパ良く新築以上のメリットをもたらしてくれる場合も。

これからの暮らしを考える皆さんへ、

リノベーションを分かりやすくお伝えする一冊です。

築40年の古屋を安心快適に
性能向上リノベーション
モデルハウス

東海市 リノベモデル「和奏の家」

築年数が経つ古屋は、現代の生活スタイルに合わない家が多く、内装も傷み、何より心配なのは住宅性能。現状を見ると「本当に素敵な家になるの?」「地震のときに大丈夫?」と疑問に。そんな不安を解消するには、リノベーション後の実物を見学するのが一番。目で見て、体感して、説明を聞いて、リノベーションの"本当の姿"を確認しよう。

Point!
\ 1棟まるごと /

断熱性能
耐震性能 **2倍**
収納力

南側に並んでいた3部屋を、耐震上必要な
壁や柱だけを残して広いLDKに。窓の配置
はそのままだが、内装を一新したので明るさ
が数段アップ

BEFORE

スイス漆喰の塗り壁
本物の木のパネル
新築以上のデザイン空間

1

— BEFORE

2

3

1.壁にキャットウォークを設置。床もペット対応の滑りにくいフローリング。テレビ上の窓は、道路から見えない高さに移動させている　2.壁は調湿・消臭作用のあるスイス漆喰「カルクウォール」　3.間接照明を多用して雰囲気のある空間に

Living Room

Dining
& Kitchen

4.以前の壁付きキッチンを対面式に。本物の木のパネルを天井に設置し、間接照明で雰囲気UP　5.キッチンの床は、汚れがサッと拭けるフロアタイル。システムキッチンはトクラスを採用　6.キッチンの裏側には大容量のパントリー。以前の間取りに比べ収納を1.7倍に

BEFORE

4

5

6

Sanitary

BEFORE

BEFORE

1

2

3

BEFORE

水回りも使いやすく
脱衣室と分けた
トレンドの独立洗面台

1.独立させた洗面台はLDKに近い位置へ移動。浴室やトイレからワンクッションおく役割も果たす　2.LDKのインテリアと合わせたトイレにも間接照明を　3.ユニットバスの浴室の手前に脱衣室

築40年の家を1棟まるごとつくりかえた、リノベ建築工房のリノベーションモデルハウス。以前は南側に部屋が並び、長い廊下を挟んで北側に水回りがある当時の典型的な間取り。広々としたLDKにつくり替えるため、部屋を仕切る壁を極力取り除き、長い廊下もなくして南面いっぱいに広がる空間に。また、LDKから直接出入りできる水回りや、ストック品を収納できる大型パントリーをキッチン回りに集約。料理や洗濯、生活用品の管理がしやすい短い動線が家事ラクをサポートする。広く動きやすい間取りになっただけでなく、視線がのびる開放的な家族の憩いの場になった。

住宅性能を上げて、体に優しく安心して暮らせる住まいにすることもリノベ建築工房が力を入れるポイント。必要な柱を残しながら耐震補強することで、耐震性能が2倍にアップした。断熱においては屋根裏と壁に吹き付け断熱材を隙間なく施工し、床にも断熱材を敷いて底冷えを解消。窓もペアガラスに入れ替えたことで気密性が大幅にアップし、年間の冷暖房費の試算が合計9万5828円と驚きの金額になった。また塗り壁には自然素材のスイス漆喰「カルクウォール」を使い、空気環境にも配慮している。新築の2／3の費用で叶えた、質の高いリノベーションをぜひ体感しよう。

Entrance

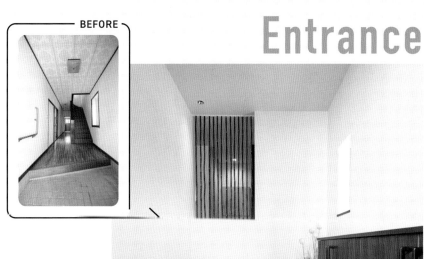

— BEFORE —

4.2階の個室にはクローゼットを新設

5.玄関には腰掛台を造作。竹格子の内窓が、デザインだけでなく視線の抜けも演出している

BEFORE

6.出窓などの凹凸をなくしてすっきりとした外観に。屋根は塗装して耐久性をアップ。外壁はサイディングに張り替えている　7.玄関ドアは断熱性のあるタイプに交換。門柱なども外観デザインに合わせた

住宅性能と暮らしやすさ
両方を叶えるプランを立案
耐震上できない要素も
プラスに変える提案を

耐震補強、部分的リフォーム、
そして1棟まるごとつくり替えるリノベーションまで、
リノベ建築工房が依頼を受けた案件において、
設計のほぼ全てに携わる設計士の齊藤貴志さん。
リノベーションで重視していることや、
設計プランを立てる上で心がけていることを
話してもらいました。

リノベ建築工房 ｜ 設計士 **齊藤 貴志**さん

高校の建築科を卒業後、グループ内のリフォームウイングに入社。グループの垣根を越えて、耐震補強、設備・リビングリフォーム、新築、リノベーションなどさまざまな案件の設計を手掛ける。その幅広い経験値と同時に、住宅性能向上においては耐震や断熱性能を数値化してエビデンスをとる。二級建築士・愛知県木造住宅耐震診断員

親族からの相続や、
費用を抑えた住宅取得を検討する
20〜30代の中古住宅への不安を解消

お客様にとってリノベーションのきっかけは、年代によって違うと感じています。50代前後の持ち家をリノベーションしたい方の理由は「冬の寒さや夏の暑さを解決したい」という悩みから。一方、20〜30代では、親族の築年数の経つ家を譲り受けたり、費用を抑えるために中古住宅を検討されている方が多いですね。そうした方は「地震がきても安心できる建物になるか」という耐震性の不安を感じられています。断熱性、耐震性の強化はどちらも重要で、住宅性能の向上はリノベーションには欠かせない要素です。

住宅性能向上は、現場での目視と
構造計算でエビデンスを

断熱性能は、新築同等の次世代省エネ基準以上に引き上げます。床にボード状の断熱材を敷き、壁と屋根裏には施工力で差がでにくい吹き付け断熱材を隙間なく入れます。窓も内窓を設置するか、断熱性能の高いサッシに取り換えて、家全体の気密性を上げます。お客様には施工後の冷暖房費の試算をお見せしています。
耐震性では、リノベーションは壁や柱を取ることが多いので、間取りのプランニングと同時に考え、基準とする評価点以上に数値が上がるように耐震補強を計画します。間取り変更で多いのは「リビングを広くしたい」といった大きい空間への要望です。昔の家は図面がないことが多く、そこから耐震性を正確には判断できません。そういう場合は、現地で天井の点検口から天井裏の空間をのぞいて、梁がどう組まれているかなど建物の構造を目視で確認します。2部屋をひとつの空間につなげる場合は、柱を取り除く関係で、柱と柱のスパンや梁の太さを確認し、要望にどこまで応えられるか、またどう補強すればいいかを判断します。お客様には、現場の確認だけで「ご要望通りできます」とは答えません。必ず構造計算をして耐震的に足りない部分の補強計画を立て、エビデンスにもとづいたプランを立てます。

耐震上、撤去できない構造材も
デザインを工夫し、
収納プランで空間の広さを演出

なかには耐震上、ご要望通りの広さが叶わないときもあります。例えば、8畳2部屋を16畳ほどのリビングにするのは簡単です。そこからさらに広く20畳にしようと思った

ら、壁も柱もない空間にするのは無理な場合があります。そういうケースでは、壁だけはがして柱と筋交いは残し、それをデザインとして見せられるものにします。広い空間のオシャレなアクセントになったり、ダイニングとリビングを視覚的に分けるゾーニング効果もあったりと、柱と筋交いが空間の中でプラスになるような工夫をします。ほかにも、収納を多くつくってリビングに物が溢れないようにすれば、希望の広さではなくてもいつも片付いた気持ちの良い空間になります。そういったプラスになるプランを考えて提案しています。

コストを抑えられることが最大の魅力
新築以上に満足できる住まいへ

お客様とのヒアリングでは「これからどんな生活をしたいですか」といった暮らし方を中心にお聞きします。洗濯物はどこで干すのか、料理の配膳は対面か横移動か、といった細かい家事のことも含みます。また収納はとても大事な要素なので、服や靴の量をお聞きしたり、ゴルフが趣味ならそれが入るシューズクローゼットの広さを考えます。プランニングで「リビングは何畳欲しいですか」といった聞き方は一切しません。そしてプランができあがったら、お客様に図面上で生活を想像してもらいます。広さよりも、生活動線や収納力が暮らしやすさにつながるからです。

リノベーションのメリットは、新築よりも費用を安く抑えられることです。住宅性能を上げて、無垢材や塗り壁などの自然素材を使っても新築の2／3の費用です。新築のローコスト住宅よりも、自由でコストパフォーマンスの良い住まいができあがります。モデルハウスに来てくだされば、それを実感できると思います。

RENOVATION MEMO

Point 1 住宅性能を向上させて 安心快適な住まいに

○耐震性

耐震補強を数多くプランニングしてきた設計士が、地震や災害に備えて、現地確認・構造計算にもとづいた耐震補強計画を立てる。耐震等級1、上部構造評価点1.0以上に耐震性能を引き上げる。

○断熱性

床はボード状の断熱材、壁と屋根裏に吹き付け断熱を施工。壁や建具を取り払い広い空間をつくっても、気密性の高い住まいで年中快適な空間に。プランニングでは施工後の光熱費も試算する。

Point 2 収納力2倍。 家事動線も考えた暮らしやすい間取り

大きな納戸や押し入れが多い古屋の収納から、大型パントリーやリビング収納、ファミリークローゼットに。適材適所のプランで収納力は以前の2倍。水回りを集約する家事ラクプランも取り入れる。

Point 3 新築の2／3の費用

住宅性能を上げ、今の生活スタイルに合わせた空間をつくり上げるリノベーション。広さ、プランの自由度、自然素材など仕上がりは新築と同レベルかそれ以上。コストパフォーマンスの高い住まいに。

性能向上リノベーション躯体の内側!

🧱 断熱・気密改修

硬質ウレタンフォームを壁に隙間なく吹き付けるだけでなく、さらに屋根裏にも180mmの厚みで施工して、夏の熱い日差しを上からシャットアウト。床には高性能ポリスチレンフォームの断熱材を敷いた。シングルガラスだった窓は、断熱性の高いエコなLow-Eペアガラスに交換。建物全体の気密性を高めている。その数値は次世代省エネ基準以上。光熱費が抑えられて、外気温の影響を受けにくい快適空間になっている。

壁の断熱施工。気密シートを張り、断熱材を施す

天井にも断熱材を吹き付ける

Low-Eペアガラスへ取り替え

🧱 耐震補強

古屋のリノベーションで一番心配なのは、耐震性といっても過言ではない。いつ起こるか分からない地震に備えてまずは耐震診断を行い、設計士が構造計算をした上で耐震補強を計画した。この古屋は昭和56年6月以降の新耐震基準にあてはまる建物だが、新しい間取りに合わせて金物補強、筋交い補強、重ね梁などを施して頑丈な造りに。その結果、耐震等級1相当、上部構造の評価点を1階1.10、2階1.49まで引き上げた。

※上部構造評価点が1未満の建物は、震度6強の地震がきた際に倒壊の可能性がある建物

AFTER
BEFORE
柱を抜いたことにより、梁や筋交いで補強

耐震診断報告書に合わせて、補強が必要な部分に金物補強を施す

筋交いを補強したダイニング部分

🏠 DATA

1階は無駄な壁を取り払い、家族が集う広いLDKと水回りで構成。窓の位置を大きく変えないことで、既存の柱を傷めず生かす工夫がされている。水回りと収納を1カ所に集中させた家事ラク動線もポイント。まるごと1棟リノベーションした、新築以上に魅力ある住まいに生まれ変わっている。

愛知県東海市
加木屋町陀々法師14-416
リノベモデル「和奏の家」

1階床面積：64㎡
2階床面積：42㎡
延床面積：106㎡

見学可能
見学のご予約は
コチラから

BEFORE
【1F】　【2F】

AFTER
【1F】　【2F】

施工範囲

リノベーションの実例6選

・・・

住み慣れたわが家や、購入した中古物件、
マンションをリノベーションした
お施主様の実例をご紹介します。
新築のように素敵に快適に生まれ変わった
家と暮らしをご覧ください。

CASE 01

半田市O様邸

注文住宅のような
デザイン空間
住宅機能もUPし
暮らしの質が向上

BEFORE

2

BEFORE

1.LDKの床は、オークの無垢フローリング。漆喰の塗り壁はラフな雰囲気に仕上げて、自然素材の良さを最大限に　2.リビングの窓際はタイル張りの土間で、玄関につながっている　3.和室の仏間や押し入れがあった場所は、大容量の収納を設けたキッチン空間に

築47年の頑丈な柱を生かしながら、耐震補強を施しリノベーションした住まい。工事前の面影を残さない新築のような仕上がりだ。

以前は南側に洋室と和室が並び、それぞれに大きな窓がある条件の良い造り。そこでこの2部屋の壁を取り払い、広々としたLDKを計画した。広さを利用して、対面キッチンはぐるっと回れるアイランドタイプに。また「ただ広くても使いにくいから」と、庭への出入りの便利さや冬の蓄熱を考えて、リビングの窓側をタイル張りの土間にするなど工夫がみられる。浴室・洗面室・トイレは面積を広げ、その隣にあった和室を4.5帖の収納力抜群のウォークインクローゼットに。キッチンの隣にあるので、

料理・洗濯・片付けなどの家事が1カ所で集中してこなせる間取りだ。また、建具や壁を極力とりのぞいたので、家中のどこへも短い距離で回遊できるようになった。

室内は木×白をベースに、モルタル使いをアクセントにしたデザイン性の高い空間。ダイニングとリビングの間に立つ耐震面で外せなかった2本の白い柱は、筋交いを鉄筋に替えてデザイン性を加え、空間をさりげなく仕切る役目として生かしている。

また、耐震性能を大幅にアップさせ、土壁で無断熱だったところに床・壁・屋根断熱材も施して、体で感じる暮らしやすさも向上させた。

デザイン性と
快適さを両立した
リビング空間

4.テレビを掛けたタイル張りのデザイン壁が印象的。室内ハイドアが視覚的にも広さを感じさせる　5.デザイン壁の裏側。リビングから配線を隠す役目も　6.キッチンとダイニングテーブル上の天井は、木材を使い間接照明を設けた　7.不要な和室をウォークインクローゼットに。家族の普段着など何でも収納できる

8

BEFORE

9

BEFORE

BEFORE

10

8.以前のダイニングキッチンは主寝室に。天井に間接照明を施工 9.洗面室は壁をタイル張りにして、ホテルライクなインテリアに 10.汚れが溜まりやすい2階ベランダは撤去。外壁はドイツ漆喰「Sto」に塗り替えた

RENOVATION POINT

01 既存の建物の良さを残しながら 新築のような空間へリノベーション

昔の家の頑丈な造りを生かし、柱を極力残しながら間取りを変更。内・外装は一新し、建物としての性能も大幅に向上させ、新築の注文住宅のような家を実現させた。

02 北欧テイストのデザインと アイデア満載のプラン

白×木×モルタルの洗練されたデザインは、トレンドを取り入れたデザイン性の高い注文住宅と同等のレベル。収納を以前の2倍にし、主寝室を1階につくったので、シニアになっても住みやすい1階完結型の住まいだ。

DATA

▶種類／木造軸組工法 ▶築年数／47年 ▶延床面積／122.31㎡ ▶施工面積／122.31㎡ ▶施工箇所／1棟全て ▶工事期間／5ヵ月
▶家族構成／夫婦+子ども1人 ▶施工／リノベ建築工房

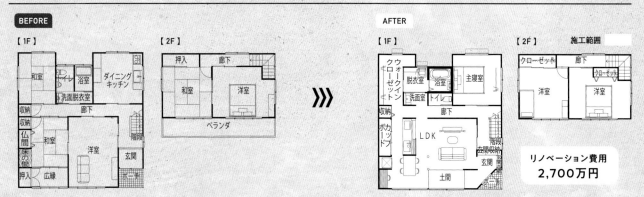

BEFORE

【1F】 【2F】

AFTER

【1F】 【2F】 施工範囲

リノベーション費用
2,700万円

CASE 02

名古屋市N様邸

25年目のリノベーションを
予算内で思い通りに実現
家事も楽で暮らしやすい
お気に入りの空間に大満足

1.アクセントカラーのブルーが
全体を引き締め、明るくスタイ
リッシュな印象の空間に変身
2.キッチンの壁を取り払いオー
プンキッチンにすることで、家
族とつながるレイアウトが完成

水回りをはじめ、あちらこちらに経年劣化を感じ、家全体のリノベーショ
ンを考えたN様。この家を建てたハウスメーカーに見積もりを依頼した
ところ、予想を大きく上回る金額にびっくり。悩んでいたところ、知人に
紹介されたのがリノベ建築工房だった。その見積もり金額は、ハウス
メーカーの1階部分の金額で家全体のリノベーションができるというも
の。ヒアリングも丁寧で、しっかりとした提案力にも納得して依頼するこ
とに。プランはN様の要望に沿い、収納の充実と家事が楽になる工夫
を主軸に進められた。印象的なブルーのキッチンは、シンクとコンロを
平行に配置するⅡ型で動線が短く、ワークトップも大きくなって作業性が

アップ。新たにパントリーにもなる棚を設置し、食品もすっきり収納でき
るように。浴室を減床した分、拡張した洗面脱衣室にはシステム収納を
設置、常に片付いた状態を保てるようになったという。また、同社では、
職人と施主との"風通しのいい現場"を大切にしている。N様邸でも施
工中の大工からの提案で、当初は予定になかった玄関ドアの取り換え
を行った。また、収納機能を納戸にまとめることで、収納家具を置くこと
がなく空間がすっきり。整然とした空間はスタイリッシュで、広く使える上
に掃除も楽になったそう。生まれ変わったマイホームで、心豊かな日々を
送っている。

3.クロスとフローリングは今までよりワントーン明るいものをセレクト、開放的なリビングが完成した。リノベーション前に使っていたキッチンカウンターを飾り棚にしたいというリクエストにも対応　4.浴室を減床し、拡張した洗面脱衣室。ランドリーボックスや体重計も全て収めることができるシステム収納の新設ですっきり　5.シンプルモダンがお好みのN様。白系で色を統一し、端正な外観に

RENOVATION POINT

01 快適な暮らしのために
安心価格で、大規模リノベーション

築25年のN様邸。永く快適に住むためのリノベーションだからこそ、予算管理は重要となる。リノベ建築工房の価格は、施主に寄り添う安心設定。施主目線の提案力で家の困りごとを解決し、暮らしやすい家へ。信頼の積み重ねが、選ばれる理由となっている。

02 現場まで徹底した「いい家を」の想い
「三方喜し」の哲学が相乗効果を発揮

「施工中でも大工さんが色々と提案してくださり、この家を良くしたいという想いが伝わってきました」とN様。施主に喜ばれる施工が第一と考え、施工中に気づいたことは職人もどんどん提案していく。施主も会社も現場も気持ちのいい「三方喜し」の哲学だ。

DATA

▶種類／木造軸組構法　▶築年数／25年　▶延床面積／163.65㎡　▶施工面積／85.22㎡　▶施工箇所／外壁、玄関、LDK、浴室、洗面脱衣室、2階居室
▶工事期間／2.5ヵ月　▶施工／リノベ建築工房

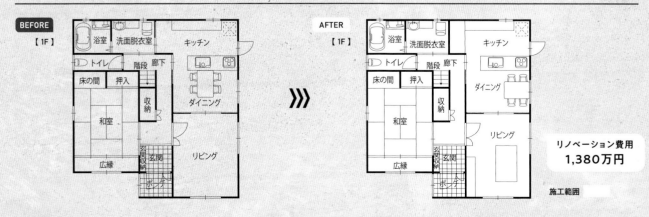

リノベーション費用
1,380万円

施工範囲

CASE 03

東海市K様邸

新築以上の満足度に暮らしの質を上げる提案にまるごとリノベーション。建物も庭も、敷地内を

1.対面式のキッチンからはLDK全体が見渡せる。照明はK様支給で同社が取り付けた　2.以前の洋室とLDKをつなげて広々LDKに

BEFORE

築32年の中古住宅を購入したK様ご夫婦。リノベーション工事の依頼はリノベ建築工房ともう1社を比較し、最終的に同社をパートナーに選んだ。予算に関して親身になって相談に乗ってくれたことと、曖昧な返事をしないところが決め手に。例えば、LDKを広くするために部屋を仕切る壁と筋交いを取り払いたいと相談したところ、同社からは「図面だけでは分かりません。実物を見て判断しますね」と返答が。大工が梁の太さを見て耐震性を確認し工事が進んだという。建築に関わる全ての人の仕事への向き合い方に、「ここなら安心できる」と信頼がおけたと話す。

奥様は、はじめのころ「本当にきれいになるの？」と少し不安だったものの、建物を支える土台や柱だけを残して、内装も間取りも一新した仕上がりに大満足。和室の押し入れ部分をファミリークローゼットに替えたことで、普段の衣類が全て収まり、1階で生活が完結できる住まいになった。また和室の雪見障子や、寝室の腰壁収納などはそのまま利用。「良いものは残して生かせるのがリノベーションの良さ。窓も既存のままですが、大きくて気持ちがいい」とK様。外回りでは既存のガレージの上を庭仕様にして、室内から行き来ができるように。「BBQなど暮らしの楽しみが増えました」と笑顔で話された。

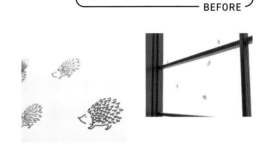

BEFORE

BEFORE

BEFORE

BEFORE

3.収納力抜群のファミリーク
ローゼット。アクセントクロスで遊
び心を　4.和室は琉球畳で和
モダンな雰囲気に　5.寝室は
出窓の下にあった腰壁収納をそ
のまま活用　6.屋根の瓦は残
し、外壁はグレーに塗装。ガレー
ジの上にウッドデッキを設置

RENOVATION POINT

01 土地付き中古住宅を　外回りも含め丸ごとリノベーション

中古住宅を購入してリノベーションしたK様。間取りを変更しながら
クロスや建具などの内装を全て一新。また外壁などの外装も塗り
替え、さらに玄関アプローチや駐車場の追加など外回りも工事を行
い、敷地内をまるごと造り替えている。

02 既存の収納や建具を利用できるのも　リノベーションのメリット

とても状態の良い中古住宅ということもあり、「このまま生かして
使いたい」と思える箇所がいくつかあった。和室の雪見障子は障
子紙もそのまま。リビングと2階寝室にあった腰壁収納も、壊さ
ず活用することで収納力をアップさせている。

DATA

▶種類／木造軸組工法　▶築年数／約32年　▶延床面積／156.55㎡　▶施工面積／156.55㎡　▶施工箇所／1・2階全面、外壁、屋根、防水、外構
▶工事期間／3.5ヵ月　▶家族構成／夫婦+子ども1人　▶施工／リノベ建築工房

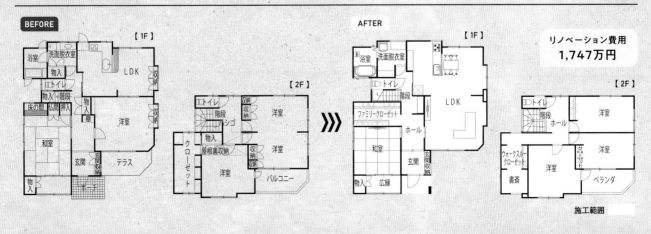

BEFORE 【1F】 【2F】

AFTER 【1F】 【2F】

リノベーション費用
1,747万円

施工範囲

約27年前、大手ハウスメーカーで鉄骨住宅を建てられたK様。設備の老朽化に加え、夏の暑さや冬の寒さに暮らしにくさを感じリノベーションすることに。工事を依頼したリノベ建築工房とは、約5年前ウインググループのリフォーム部門だった頃からの付き合い。「今回も何社か検討した中で、他社の営業担当者さんに質問しても満足のできない回答だったりして……」と当時を振り返る。「その点、取締役の平松さんはとにかく知識が豊富で、質問するとすぐに回答してくださり、リノベ建築工房さんはとても信頼がおけるな。」と感じ、今回のリノベーションにつながった。室内環境を整える断熱改修では、すべての窓の改修を行い、さらにネオマフォームという高性能断熱材を取り入れたことで断熱性能は格段にアップした。リビングの壁には、同社がおすすめするカルクウォールという漆喰を採用。漆喰の調湿性能によって部屋のじめじめ感はなくなり、快適に過ごせているそうだ。また、雨漏りの懸念があり、現場で天井の壁をあけて見ないと分からない状況の中、横なぐりの雨や台風を想定した放水を行って状態を確認するなど、慎重に点検を重ねて補修した結果、雨漏りも解消した。さまざまな困りごとや不安に寄り添い完成したリノベーション。今回も、その行動力や仕事のていねいさ、快適性の増した住み心地にも満足そうなK様だった。

1

CASE 04

武豊町K様邸

断熱改修＋自然素材
設備も総入れ替えで
家の性能＋暮らしの質も
リノベーション

BEFORE

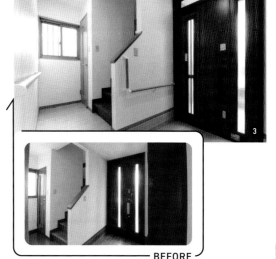

BEFORE

BEFORE

BEFORE

BEFORE

1.下駄箱や建具を白木調に変えイメージを一新　2.白い壁と馴染むニュアンスグレーのキッチン。床はフロアタイルを採用　3.玄関ドアを変え、手すりをプラス。将来にも備えた施工を行った　4.外気温の影響を受けやすい扉や窓。窓には内窓を施工、勝手口の扉も断熱性能の高いものを採用　5.外壁は落ち着いたブラウン系に

RENOVATION POINT

01 「寒い」「暑い」の悩みを解消 断熱改修で快適性アップ!

窓や玄関・勝手口のドアを見直すことも断熱性能を高める上で必須。そこにネオマフォームという薄い厚さでも高い断熱性を発揮する断熱材を採用したことで、長期にわたって高い断熱性能を維持。リノベーション後、初めて迎えた夏も涼しく快適に過ごしたというK様。これから迎える冬もとても楽しみだそう。

02 スタッフの知識や提案力 現場の対応力が安心感と信頼感を生む

施主の困りごとを丁寧にリサーチした上で、問題点の最適な改善方法を専門性をもって提案。リノベーション事例は同じ現場が1つとしてないので、施工していく中で起こるイレギュラーな事案にも柔軟に対応。K様ご一家も安心で納得のリノベーションが完成した。

DATA

▶種類／鉄骨住宅　▶築年数／27年　▶延床面積／57.96㎡　▶施工面積／56.14㎡　▶施工箇所／1階全面、2階サッシ
▶工事期間／3ヵ月　▶家族構成／夫婦+子ども1人　▶施工／リノベ建築工房

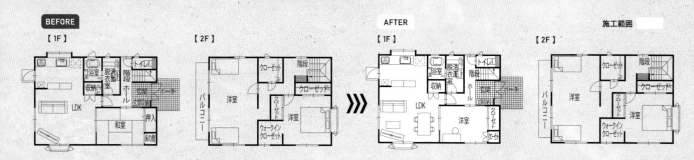

BEFORE 【1F】 【2F】　AFTER 【1F】 【2F】　施工範囲

リノベーション費用 1,171万円

常滑市K様邸

思い出の建物を
耐震補強と
水回りの追加で
安心で快適な一軒家へ

①

BEFORE

②

1. 家の中心部分に位置していた和室をLDKにリノベーション。カウンターの配置が窓に障っていたが、内窓を付けることで違和感のない仕上がりに　2. 明るい気分でキッチンに立ちたいというK様のリクエストで、白と若草色でカラーコーディネート。リビング収納のおかげで、片付けも楽だそう

K様が幼少の頃は子ども部屋として、一時はお姉さまご家族の住まいとして、後には納戸として使用されてきたという歴史を持つご実家の敷地内に造られた建物。築50年ほどが経過しているため、リノベーションは耐震補強が最優先課題。施工業者を探す際にも耐震改修の知識や施工例に優れている点を重視し、リノベ建築工房に依頼。まず、壁を支える土台や柱をビスで補強。耐久性・耐震性に影響する外周壁には耐震ベニヤを追加した。次の課題が防寒対策と、かつては母屋の台所を使用していたためトイレしかなかった水回りの新設だ。住環境の快適性には欠かせない防寒対策については、外気温の影響を小さくする対策と

して内窓を設置し二重構造に。これは、新しく窓を設置するより費用面の削減につながったという。また建物から突出していたトイレを廊下部分へ移動。季節によって暑すぎたり寒すぎたりしていたトイレが改善されている。一方、水回りについては二間続きの和室をLDKと浴室・洗面脱衣室へと大きくつくり替え、この離れだけで生活が完結する一軒家となった。息子さんの結婚を機に現在は一人暮らしを満喫しているK様。母屋のお父さまとはリビングの窓を通じて起床や帰宅をお互いに確認したり、一緒に食事をしたり、それぞれのプライバシーを保ちながら快適な暮らしを叶えている。

BEFORE

3.開口部が大きく、開放的なK様の寝室。リノベーションの際に増設したクローゼットは、家具を置くよりも室内がすっきりし、収納力もたっぷり　4.寝室の窓にも内窓を設置し、快適な室内環境を実現　5.増築して設置した玄関。将来、車イスを使うことになった場合も考慮し、ホールも廊下も余裕のある広さを確保している　6.外壁はリノベーション時に張り替え。既存の瓦の屋根とも違和感なく仕上がった

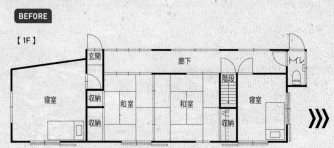

RENOVATION POINT

01 土台補強と耐震壁を追加し、安心の住まいに

K様邸は開口部が多く建物の重量を支える壁の面積が少ないことから、耐震ベニヤで補強。また、壁を支える土台・柱脚部にも補強のためのビスを追加。

02 水回りを完備して「納戸」から「住まい」に大変身!

居室だけで構成されていた建物に、キッチン、浴室、洗面脱衣室を作り、かつては子ども部屋や納戸として使用されていた建物を、快適に生活できる一軒家にリノベーション。元から設置されていたトイレも増床。将来を見据え、車イスでも使える広さを確保している。

DATA

▶種類／木造軸組工法　▶築年数／約50年　▶延床面積／74.03㎡　▶施工面積／74.03㎡　▶施工箇所／室内全体、外部外壁、部分増築、外構
▶工事期間／3ヵ月　▶家族構成／1人　▶施工／リノベ建築工房

BEFORE

【1F】

玄関　廊下　トイレ
寝室　収納　和室　和室　階段　寝室
収納　収納

AFTER　　施工範囲

【1F】

ホール　玄関　玄関収納
収納　LDK　廊下　トイレ　倉庫
収納　寝室　洗面脱衣室　階段　収納　寝室
浴室　クローゼット

リノベーション費用 850万円

CASE 06

大府市 K様邸

思い通りの間取り
ハイセンスな空間
こだわりの全てを
予算内で叶える

BEFORE

BEFORE

1.家具のような「グラフテクト」のキッチンも叶えたかったことのひとつ　2.配管を延長して設置した造作の洗面台　3.天井は木目模様のクロス。奥にキッズスペースを　4.壁は漆喰塗り。窓は既存のサッシ＋ペアガラス設置で断熱性を向上　5.大きな物も置きやすい玄関横のオープンな土間

将来の住み替えも考えて、中古マンションを購入しリノベーションしたK様ご夫婦。"自分たちに合った住まい"を求めて、間取り・設備・インテリアの全てをお二人で決めることに。「リノベ建築工房さんは、施工実績が豊富なので工事の面で信頼できます。また設計料やメーカー設備の値引き率も含め、料金が良心的で明確だったので、安心して費用の管理を任せられました」とK様。ファミリークローゼットや浴室が集まる場所へは、玄関とリビングからアクセスできる2way動線。玄関横の広い土間や、木目を見せながら無機質×グリーンなインテリアなど、デザイン住宅のような空間が実現した。

RENOVATION POINT

はっきりした料金体系だからできた "自分たち主導"の住まいづくり

間取りを自分で描き、デザインも自分たち好みに。明確な料金体系だから、スタッフと一緒に費用を調整しながら叶えられたマンションリノベーション。予算内で漆喰の壁も採用できた。

DATA

▶種類／中古マンション　▶築年数／20年　▶延床面積／82.64㎡　▶施工面積／82.64㎡　▶工事期間／3ヵ月　▶家族構成／夫婦+子ども2人　▶施工／リノベ建築工房

BEFORE

AFTER

施工範囲

リノベーション費用 1,024万円

リノベーションの教科書

・・・

リノベーションって何ができるの?

費用は?進め方は?知っておいた方が良いことは?

家の性能や心地よさがアップする

性能向上リノベーションについて

おさえておきたい項目をご紹介します。

リノベーション現場を見てみよう！

RENOVATION ROOM TOUR

by RENOVA KENCHIKUKOUBOU

これまでにリノベーション・リフォームした人のほとんどが
「行って良かった！」というのが現場見学会。
そのご意見を受けて、リノベ建築工房では見学会（ルームツアー）を毎月開催し、
リノベーション・リフォームを考えている皆様をご招待しています。
リノベーション・リフォームを満足できるものにするために、ぜひ、ご参加ください！

《 現場見学会でできること 》

🔍 リノベーション・リフォーム
するときのポイントが学べます。

🔍 リノベーション・リフォーム後の
住まいを実際に体感できます。

🔍 実際にリノベーション・
リフォームした人に直接質問ができます。

🔍 材料の質感を目で見て・触って・
確かめることができます。

🔍 断熱・地震対策の施工方法や
費用感が分かります。

🔍 短期間に効率良く情報を
集めることができます。

リノベ建築工房見学会 メニュー

01 完成見学会	02 OB見学会	03 構造見学会	04 勉強会	05 モデルハウス
お施主様の協力を得て、戸建て・マンションのリノベーション・リフォーム終了直後のお宅を見学。	実際にリノベーション・リフォームしてお住まいになっているお宅のご協力を得て行う見学会。	壁や床の内側はどんな構造になっているの？ 耐震・断熱はどのような工事をしているの？ など工事途中の現場を見学。	リノベーション・リフォームを検討中の方が、事前に幅広く学べる勉強会。	中古戸建てをリノベーションしたモデルハウスや、間取りやデザイン、インテリアの参考になる新築のモデルハウスも見学可能。

01
完 成 見 学 会

お施主様に承諾いただいて、
リノベーション完工直後に行う見学会です。
担当のリノベーションアドバイザーや
プランナーが、リノベーションのポイントや
使用している建材を細かく説明します。
実際のリノベーション完成現場で、
無垢材の足触りや漆喰壁の
心地良さを感じると同時に、
インテリアのヒントなども探してみてください。

図面を見ながら、
間取り変更箇所を確認。
改装のための
ヒントにつながります。

02
OB見学会

リノベ建築工房でリノベーションし、
実際にお住まいになっているお施主様の
お宅を借りて行う見学会。
リノベーションの先輩であるお施主様に、
直接リノベーションをする際のアドバイスや、
気を付ける点などを聞くことができます。

キッチン選びのポイントや
使い勝手など、
お施主様の意見が
参考になります。

03

構造見学会

リノベーションが完成してしまうと
壁紙や床材に隠れてしまう、
床下や壁内などの構造部分を見学できる見学会。
工事中の家を訪問し、
耐震・断熱構造やマンションの躯体、
配管部分などを見学します。
養生や資材の管理状況、工事中のご近所への
配慮など会社の姿勢も見ることができます。

しっかりと事前に勉強することが失敗しない秘訣です。

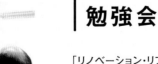

外出が難しい、移動が大変などの方にはオススメ！

04

勉強会

「リノベーション・リフォームで失敗・後悔しないための勉強会」と
題した勉強会を開催。
数々のリノベーション・リフォームを手掛けてきたプロが、
資金計画から住み心地の良い家に改修する方法、
リノベーションの進め方、会社選びまでを
中立的な立場で教えてくれます。

05

予約見学募集中! モデルハウス・モデルルーム

リノベーションモデルハウス

「和奏の家」

築40年の寒くて暗い・古い間取りの古屋が、広々LDKと耐震性・断熱性・調湿性に優れた、魅力的な住まいに再生。

[DATA]
住所 / 愛知県東海市加木屋町陀々法師14番416
開場時間 / 10:00〜16:00　定休日 / 水曜

「住み紡ぐ家」

築30年の中古住宅をリノベーション。使い勝手の良くなった間取りや、ホテルライクな内装でデザイン性もアップ!

[DATA]
住所 / 愛知県知多市八幡北屋敷138-4
開場時間 / 10:00〜16:00　定休日 / 水曜

新築モデルハウス

「南欧風のかわいい家」

デザイン性だけでなく機能性にも優れた、南欧の邸宅をイメージしたモデルハウス。

[DATA]
住所 / 愛知県東海市加木屋町大田町71-1
開場時間 / 10:00〜16:00　定休日 / 水曜

「セカンドリビングのある家」

「COLORS」シリーズの屋上空間を採用した贅沢でラグジュアリーなモデルハウス。

[DATA]
住所 / 愛知県東海市加木屋町
開場時間 / 10:00〜16:00　[完全予約制]

「インナーガレージのある美しい平屋」

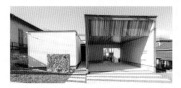

壁や扉でなるべく空間を遮断せず、家族の気配を感じられる設計に。

[DATA]
住所 / 愛知県知多郡阿久比町
開場時間 / 10:00〜16:00　[完全予約制]

「ととのう家」

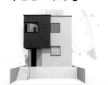

2階にあるリビングと隣接した、セカンドリビングにはサウナがある住まい。

[DATA]
住所 / 愛知県知多市深山口
開場時間 / 10:00〜16:00　[完全予約制]

「余白を楽しむ家」

明るく開放的なリビング。たっぷり設けた収納が生活感を感じさせない空間に。

[DATA]
住所 / 愛知県半田市山代町二丁目102-8
開場時間 / 10:00〜16:00　[完全予約制]

「洗練された平屋」

自然素材を使った平屋。4帖のファミリークローゼットやトレーニングルームも。

[DATA]
住所 / 愛知県知多市南巽が丘
開場時間 / 10:00〜16:00　[完全予約制]

リノベーションモデルハウスの見学予約はこちらから。

新築モデルハウスの見学予約はこちらから。

YouTubeで家づくり情報を配信中!

リノベーションの実例はInstagramを参考に!

新築の実例はInstagramを参考に!

お電話・メールでのお問い合わせ・お申し込みは ……………………　🔍 リノベ建築工房

リノベ建築工房　📞0120-15-2288

[URL]
https://renovation-kenchikukoubou.jp/

[E-mail]
info@wing-group.jp

How to renovation
ハウ・トゥ・リノベーション

「何から始めればいいの?」「どんな風に進むの?」
住まいの悩みを解決するために、もっと暮らしを豊かにするために、
「はじめまして」の施工会社との出会いから、
完成までの流れを紹介しよう。

STEP 1 ＞＞＞＞＞＞＞＞＞＞

モデルハウス見学

モデルハウスには会社のコンセプトが凝縮。
完成見学会ではよりリアルに体感できる

▶ 自分たちが住むことを
イメージしながら、家の広さ・
間取り・動線を体感
▶ 耐震補強や断熱改修などの
構造仕様を確認
▶ 水回り設備の標準装備を確認
会社やスタッフの雰囲気をチェック

\ まずはここへ♪ /
リノベーションモデルハウス

STEP 2 ＞＞＞＞＞＞＞＞＞＞

住まいづくり勉強会

資金計画・プランの立て方・コストカットの方法
など、家づくりの基礎知識を身につける

▶ 多くの施工事例
(間取り図・写真)を見る
▶ 資金計画(ローンの組み方等)に
ついて勉強
▶ 自分たちの暮らしに合った
住まいづくりは?
▶ 安心・快適に暮らせる住まいの
構造・性能とは

気軽に参加できる勉強会
「家づくりカフェ」

住まいの悩みや

今の生活の中で解決したいことは?

例

冬のトイレや
お風呂が寒い

使っていない
部屋が物置状態

地震が心配だから
一度調べてほしい

約1〜2カ月

設計の申し込み(有料)

STEP 3

建物調査・報告。
要望確認

リノベーションの第1歩。
現場調査&これからの暮らしへの夢を整理する

▶ 施工会社が現在の
　住まいを訪問、現状把握
▶ 床下・小屋裏・屋根・外壁の点検
▶ 現状の悩みと、新しい暮らしへの
　夢を家族で話し合う
▶ スタッフからのヒアリング

STEP 4

資金計画・
概要プランの提案

1回目のプレゼンテーション。
まずは概要プランと概算見積もりが提出される

▶ 提案された概要プランをもとに検討
▶ 費用は不要。納得がいくまで
　修正ができる
▶ プランニングと同時に
　住宅ローン等の資金計画も進める
▶ 概要プランと概算見積もりに
　納得したら、設計を申し込む

ホームインスペクションって何?

住宅として使われている建物を対象に、建築のプロが劣化状態や不具合の有無を調査する住宅診断のこと。既存・中古住宅のリノベーションには欠かせない過程。

床下点検

外壁点検

思いを整理しよう!

リノベーション後の
暮らしの夢は?

例

料理をしながらリビングにいる家族と会話がしたい

床に段差がない家で楽に暮らす

おしゃれなインテリアで自分たちらしく

約**2～3**カ月

> > > **STEP5** > > > > > > > **STEP6** > > > > > > >　契約

耐震・断熱診断。
設計プランの確定

リノベーションで大切な耐震と断熱の診断。
概要プランをもとに設計が進む

▶ 耐震と断熱について
　現状報告を受ける
▶ 設計プランをもとに
　実際の広さを確認。
　窓の配置を決定
▶ 最終の設計プランが確定
▶ 各種補助金の申請
　（書類作成・申請代行）

設備等の仕様決定。
最終プラン＆見積りの確認

設計プランが確定したら、水回り設備や照明、
内装など詳細を決めていく

▶ ショールームなどで
　キッチンや浴室などを見学
▶ 床材やクロス、建具、照明を決める
▶ コンセントの位置や数を確認
▶ 最終の仕様・設計を確認したら、
　建築工事請負契約へ

耐震診断報告書で
現状を確認

耐震診断報告書をもとに
構造計算が行われ、補強
工事の詳細が決まる

リフォーム後の光熱費が
分かる断熱診断報告書

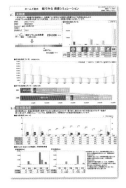

断熱診断をもとに断熱改修の詳細が決まり、施工後
の光熱費の概算がシミュレーションされる

約**3〜4**カ月

アフターメンテナンス

>> STEP **7** > > > > > > > > >

工事開始

解体から始まりいよいよ着工へ。
現場監督や大工と現場で相談することもある

▶ 工事が始まる前に
　近隣への挨拶を済ます

▶ 解体現場の立ち合い

▶ 構造現場に立ち合い、
　現状確認と耐震・断熱補強計画を聞く

▶ 現場でコンセントや
　照明スイッチの位置を確認

>> STEP **8** > > > > > > > >

完成・引き渡し

いよいよ完成。役所の検査、自社検査、第三者
機関の検査が行われた後に引き渡される

▶ 引き渡しに合わせて引っ越しを計画

▶ 施工会社と仕上がりをチェック。
　不備があれば対応してもらう

▶ 設備機器の取り扱いの説明を受ける

▶ 鍵の引き渡し。契約書や
　設計図等は大切に保管

ここがPOINT!

しっかり工程を組むことで、住みながらの工事も実現

メリット
・引っ越し代がかからない
・工事の様子が分かるので、
現場監督や職人に要望を伝えやすい
・仮住まいのストレスがない

心配ごと
・トイレや浴室、キッチンなど水の使用
・騒音やホコリ

工事の日程がしっかり計画されていれば、
心配ごとにも万全に対策できる。
また、住みながらの工事に慣れている
施工会社を選ぶこともポイント。

?

アフターメンテナンスって
何をしてくれるの？

生涯のパートナーとして
迅速・確実に対応

10年間無料定期点検を実施

半年に1度の定期訪問

リノベーションで できること、できないこと

自分たちの要望に合う中古物件を一刻も早く見つけて購入したい気持ちは分かるけれど、ただやみくもに探し回れば見つかるものでもなく、逆に混乱に陥ることにもなりかねない。どんなことに気を付けて探せば良いのか、その心得を知っておくことが大切だ。

［ マンション ］

まず知っておきたい「専有部分」「共用部分」のリノベーション

できる ○ 専有部分
住人が所有している部分
（一般的に玄関の内側〜ベランダの手前までの部屋）

できない ✕ 共用部分
管理組合が所有している部分

専有部分の「できる」「できない」

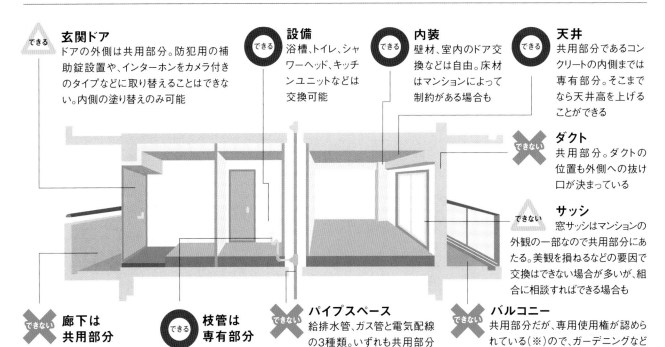

△ できる 玄関ドア
ドアの外側は共用部分。防犯用の補助錠設置や、インターホンをカメラ付きのタイプなどに取り替えることはできない。内側の塗り替えのみ可能

● できる 設備
浴槽、トイレ、シャワーヘッド、キッチンユニットなどは交換可能

● できる 内装
壁材、室内のドア交換などは自由。床材はマンションによって制約がある場合も

● できる 天井
共用部分であるコンクリートの内側までは専有部分。そこまでなら天井高を上げることができる

✕ できない ダクト
共用部分。ダクトの位置も外側への抜け口が決まっている

△ できない サッシ
窓サッシはマンションの外観の一部なので共用部分にあたる。美観を損ねるなどの要因で交換はできない場合が多いが、組合に相談すればできる場合も

✕ できない 廊下は共用部分

● できる 枝管は専有部分

✕ できない パイプスペース
給排水管、ガス管と電気配線の3種類。いずれも共用部分にあたるため、移動はできない

✕ できない バルコニー
共用部分だが、専用使用権が認められている（※）ので、ガーデニングなどの専用使用はできる。ただし、避難を妨げるようなものは置けない

※専用使用権が認められている部分……バルコニー、玄関扉、窓枠、窓ガラス、1階に面する専用庭および屋上テラスなどの共用部分で、専有部分と一体として取り扱うのが妥当な部分。ただし、自由にリノベーションできるということではない。　※上記の「できる」「できない」はあくまで一般的な見解であり、管理組合によって規定が決められている場合もある。

△ 間取り変更
構造的に問題なければ、間取りの変更は可能。物件の構造によって、比較的自由に変更できるものと制約のあるものがある

● 水回りの移動
床下に巡らせた排水管がどこまで移動できるかで、水回りの移動範囲が決まる。どこまでできるかは専門の業者に見てもらおう

● IHクッキングヒーターに変更
IHクッキングヒーターへの変更は、電気容量のアップが必要。多くのマンションでは全体の容量が決まっているので、事前に管理組合に確認を

● バリアフリーに変更
床を下げることはできないので、高い床に合わせて低い床を上げる。そのため、天井と床の距離が縮まり圧迫感を感じることも

△ 床材の変更
床を張り替える場合は、入居マンションの管理規約を確認。床材の性能を規定したり、変更そのものを禁止しているケースも

✕ 玄関ドア・窓サッシ・ベランダの変更
外から見える場所にある玄関ドアや窓サッシ、ベランダは共用部分になるので、取り替えることはできない。サッシは組合によって可能な場合もある

［ 戸建て ］

工法の特徴とリノベーションの自由度

住宅の建築工法によって、間取り変更を伴うリノベーションの自由度や必要となる費用には大きな違いが出てくる。物件を選ぶ際は、こうした点も確認しておこう。

木造軸組工法

昔から日本で受け継がれてきた在来工法。建物を支える柱の移動や耐力壁に穴を開けるなど以外は自由度が高く、間取り変更が容易。

2×4（ツーバイフォー）工法

床、壁、天井を柱でなく壁面で支える工法のため、壁をなくして空間を広げたり窓やドアを増やすことが困難な場合もある。

プレハブ工法

工場生産された床や壁などを現場で組み立てる工法。木質系は間取り変更に制限がある。

鉄筋コンクリート（RC）工法

鉄筋とコンクリートで建てる工法。梁と柱で建物を支えるラーメン構造は自由度が高いが、壁で支える壁式構造は耐力壁の移動が困難。

● 窓の数を増やす

新たに窓を設けたい場所が耐力壁である場合はほぼ不可能。ただし、強度的に問題のない外壁の場合は、窓の移設や新設は可能だ

● 減築

家族の人数やライフスタイルの変化に応じて減築も増えている。ただし、耐震という観点からも構造上注意して行う必要がある

● トップライトや吹き抜け

防水処理や補強工事を行えば既存の屋根にトップライトを設けることは容易。吹き抜けも、構造の強度に影響が出ない限りは実現可能

● 水回りを2階に変更

トイレや浴室を2階に変更あるいは新設、キッチンを明るい場所へ移動など、水回り設備の変更も、戸建ての場合は行いやすい

● 家財の処分

リノベーションする前にいらなくなった家財を業者に頼んで処分することもできる。費用は掛かるがこれを機に見直すのもおすすめ

● 住みながらのリノベーション

戸建て、マンションを問わず仮住まいに移るか、住みながらの工事かを選択可能。トイレ工事の場合、夜は使えるようにすることも

［ 中古戸建てを買ってリノベーションするときのチェックポイント ］

☑ **敷地境界線**
隣地や道路との境界の確認はとても大切。昔からの住宅地では境界が不明になっていることも少なくない。後々のトラブルを避けるためにも、引き渡し前に売り主側で境界を確定してもらった方が良い。

☑ **上水道の確認**
上水道の引き込み口が確認できない場合、水道局で上水道の本管の埋設位置を確認し、埋設道路の所有者確認も行う。私道の場合は引き込み工事の際、道路掘削の許可を得る必要がある。

☑ **下水道の確認**
トイレの汚水、キッチンや浴室からの雑排水などは下水道施設が整っていれば下水道に直接放流できるが、ない場合は浄化槽で汚水処理される。浄化槽の場合、維持管理に注意が必要なので要確認。

☑ **増築があるか**
増築すると建物の「重心」や「剛心（建物の強さの中心）」がずれ、地震の際に建物が水平方向に変形しやすい傾向がある。増築している場合、増築箇所の接続の仕方や部材の組み合わせを確認しておきたい。

☑ **騒音源の確認**
音に対する感覚には個人差があるので、契約前に必ず現地へ行き、日常的に聞こえてくる音を自分の耳で確認したい。交通量の多い道路や線路が近くにある場合は特に注意が必要。

☑ **臭気の確認**
ごみ置き場の位置の確認はとても重要。検討している物件の近くにごみ置き場があると、臭気が気になる可能性も。住民がごみを捨てる際の音も気になる場合があるので、できれば避けたい。

RENOVATION COST ●●●●●
リノベーション費用の目安を知っておこう！

リノベーションをするときに一番気になるのは、やっぱりお金のこと。
内容や規模によってその金額は大きく異なるが、まずは大まかな金額を知ることから始めよう。
資金計画を立てるときの参考になるはず。

全面改装

リフレッシュリフォーム

マンション 500万円（80㎡の場合）　**戸建て 1200万円**（30坪の場合）

間取り変更は行わず、天井・壁紙、床、畳、設備機器を一新。給湯器や配線工事も行うので新築同様の仕上がりになる。

リフレッシュリフォーム工事内容

和室
● 出入り口建具取り替え
● 畳表替え
● 襖紙・障子紙張り替え
● 壁：ジュラク塗り替えまたはクロス張り替え

キッチン
● システムキッチン取り替え
● キッチンパネル張り
● 床：フローリング張り
● 壁・天井：クロス張り替え

玄関・廊下・階段
● 玄関土間：タイル張り
● 玄関ドア取り替え
● 床：フローリング張り
● 壁・天井：クロス張り替え

LD・洋室
● 出入り口ドア取り替え
● 床：フローリング張り
● 壁・天井：クロス張り替え

洗面・トイレ
● 洗面化粧台取り替え
● シャワートイレ取り替え
● ドア取り替え
● 床：クッションフロアシート張り
● 壁・天井：クロス張り替え

その他設備機器
● 24号 給湯器取り替え（台所＆浴室リモコン付）
● スイッチ・コンセントプレート取り替え

浴室
● ユニットバス取り替え

戸建てのみ ｜ **防蟻・防湿処理** ｜ **耐震診断** ｜ **外壁塗装屋根塗装**
● 簡易耐震診断　● 水性シリコン塗装

スケルトンリノベーション

マンション 800万円（80㎡の場合）　**戸建て 1800万円**（30坪の場合）　※内外装込み

床・壁、天井を全て解体し、下地から断熱材、耐震補強まで行い、構造躯体から耐震・断熱工事、内装、設備機器、給排水管や電気配線、サッシ取り替えなど全てを一新。

スケルトンリノベーションだと上記リフレッシュリフォーム＋下記の内容が含まれる

間取り変更

Before / After

床・壁・天井
● 床・壁・天井下地組み替え
● 給排水管取り替え
● 配線・分電盤取り替え

戸建てのみ

断熱材施工
● 床・壁・天井断熱材取り替え（外壁側のみ）

耐震補強
● 耐震診断
● 金物、筋交い補強

水回り

システムキッチンの交換
80万円〜200万円

手頃なI型なら80万円ぐらいから。L型、アイランド型では200万円を超えるものもあって幅広い。

食器洗浄機の設置
15万円〜25万円

ビルトインタイプは15〜20万円が目安。古いキッチンは組み込みが不可能な場合があるので確認した方が良い。

洗面化粧台を交換
8万円〜25万円

収納が豊富な三面鏡や引き出しタイプ、天板が人造大理石など種類豊富で、機能や素材によってそれぞれの価格が大きく異なる。

便器を交換
10万円〜30万円

本体は7万円からあるが、別途工事代が必要。工事費は洋式から洋式の変更は3万円〜、和式から洋式なら10万円以上かかる。

内装・建具

戸建て内装（6帖）

8万円〜23万円

既存の床の上に追い張りをすると8万円〜と比較的手頃。下地を補修してから無垢材を張る場合は20万円〜。

マンション内装（6帖）

30万円〜50万円

カーペットからフローリングへの張り替えの場合、2階以上は防音フローリングに。無垢材を使用する場合は防音工事が必要。

和室を洋室に変更（6帖）

40万円〜60万円

和室の床をフローリングに変更、壁と天井のクロス張り替え、襖をクローゼットに変更した場合の料金。

床暖房を設置

25万円〜30万円

電気式床暖房を6帖に敷いた場合の目安。フローリングと一体になったタイプもあり、価格は約30万円〜。

隣室とつなげて広いLDをつくる

150万円〜180万円

リビングと和室が隣り合っている場合、仕切りを取り払って広いリビングにするのはよくあるケース。主に内装のグレードや収納等が費用に影響する。

壁面いっぱいに書棚を造作する

30万円〜

壁面収納は既製品のユニットを設置するものとスペースに合わせて造作するものがある。主に材料のグレードとサイズで費用が変わる。

内窓を設けて断熱性を上げる

3.5万円〜

樹脂製の内窓は窓の断熱性を上げ、結露防止にも効果がある。腰窓、掃き出し窓などで価格は異なる。

外回り

外壁の塗り替え（30坪）

80万円〜200万円

シリコン、フッ素、セラミック、ムキコート、ガイナなど塗料によって価格が異なる。それぞれの塗料の性能を理解して選ぼう。

玄関ドアの交換

30万円〜50万円

上記はアルミ製開きドアに取り替えた場合の目安。断熱性、防犯性、防火性などの機能も価格と合わせて比較しよう。

オール電化工事

60万円〜100万円

ガス（石油）給湯器をエコキュートに、ガスコンロをIHクッキングヒーターに替えるリフォームが増加。マンションの場合、ガス給湯器の交換は10〜30万円が目安。

ユニットバスを交換

70万円〜150万円

主流の0.75〜1坪タイプは60〜150万円。見積もりに解体工事が含まれているかチェックしておこう。

表示金額は全て税抜き価格です。

性能向上リノベーション 4つのポイント

築年数の経った自宅や実家、中古住宅をリノベーションする際には、
性能面もしっかりと向上させて安心安全な住まいにしたいもの。
「断熱性能」や「耐震性能」を高め、「収納力」もアップして、
「自然素材」を積極的に採用することが快適に暮らすためのポイントだ。

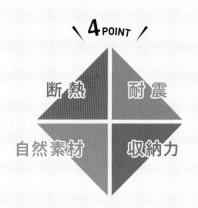

4 POINT

断熱　耐震
自然素材　収納力

POINT 1

健康で快適に過ごすために

既存住宅の **2倍** の性能に！

断熱リノベーション

断熱性能が低いと、暑さ・寒さだけではなく結露による建物の劣化や健康被害も考えられる。
リノベーションでしっかりと断熱対策を行い、快適な室内環境と家族の健康を手に入れよう。

部屋を移動したときの急激な温度差が、ヒートショックを引き起こす

室内温度の急激な変化により、心筋梗塞や脳卒中などを引き起こすことを「ヒートショック」という。これは体が体温を一定に保とうとして、血管を弛緩または収縮させて血流を調整しようとする働きから起こる。家の中でも暖かいリビングから寒い廊下やトイレ、浴室へ移動したときに起こりやすく、特に冬場の家庭内事故のなかで大きな割合を占めている。

築年数が20年、30年と経過した家は、断熱材が入っていなかったり、壁の中で湿気がたまり断熱材が朽ちていたりするケースが多い。また日本建築や古民家などは隙間が多いために、家全体が寒く冷え切っている。家族が集まるリビングは暖房器具を1日中つけて暖かいが、そこから1歩出ると「ひやっ」と感じる不快感。これが深刻な病気を引き起こす原因なのだ。

家庭内の死亡事故原因に、ヒートショックによる浴室内溺死が挙げられる。寒暖差による循環器系疾患に要注意

断熱性能が健康に与える影響

住宅の断熱性能を高くしたことで、今まで感じていた健康上の問題、例えば「アトピー性皮膚炎」や「気管支喘息」が改善された他に、「体調が良くなった」「風邪をひきにくくなった」と感じている人が多いことが分かっている。
2015年6月に発表されたある論文では、日本で低気温によって死亡している人の数は、毎年10万人から12万人にのぼっている。この数は年間の死亡者数の約10％に

相当。一方で高気温の影響で亡くなっている人はわずか約0.3％。その30倍以上の人が寒さによって亡くなっているのだ。
寒さが原因というと、上記にもあるように、いわゆる心臓や脳などの血流の病気に起因するヒートショックを思い浮かべるが、ヒートショックで亡くなる人は年間1万7,000人であるから、寒さが原因で死亡する人の10分の1程度。残りの90％は免疫力の低下などで亡くなる場合が多い。

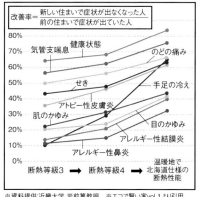

断熱グレードと改善率

改善率＝ 新しい住まいで症状が出なくなった人 / 前の住まいで症状が出ていた人

健康状態
気管支喘息
のどの痛み
せき
手足の冷え
アトピー性皮膚炎
肌のかゆみ
目のかゆみ
アレルギー性結膜炎
アレルギー性鼻炎

断熱等級3 → 断熱等級4 → 温暖地で北海道仕様の断熱性能

※資料提供：近畿大学 岩前篤教授　※エコで賢い家vol.1より引用

気密性・断熱性を高めて、体に優しい生活を

家庭内事故で亡くなる方が、交通事故で亡くなる方の数倍いると言われている。交通事故死者は年々減少しており、直近では2,839人（令和2年）。それに対し家庭内事故では年間1万9,000人の方が亡くなっており、その大半がヒートショックによるもの。また、このうち80％以上が高齢者と言われる。

ヒートショックが1番多い県は香川県、2番目は兵庫県であり、全国で2番目に少ないところが北海道と言われるように、確かに北海道の家は断熱性能が高く暖かい。ヒートショックは寒さではなく室内の温度差によって起こると言われている。愛知県の家はどうかというと、既存の家では残念ながら冬場寒い家が多いのが現状。家の断熱性能を上げてヒートショックの被害にあう方を防ぐことが急務である。

対策としては、①水回りを断熱化する。特にお風呂②窓を樹脂窓やペアガラス、二重窓にする③床壁天井に断熱材を入れて気密性を高くする、などが挙げられる。

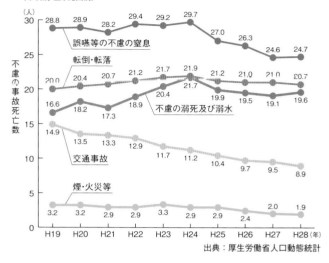

高齢者の「不慮の事故」による人口10万人当たりの死亡者数
（年次別・主な死因別）

誤嚥等の不慮の窒息: 28.8 / 28.9 / 28.2 / 29.4 / 29.2 / 29.7 / 27.0 / 26.3 / 24.6 / 24.7

転倒・転落: 20.0 / 20.4 / 20.7 / 21.2 / 21.7 / 21.9 / 21.2 / 21.0 / 21.0 / 20.7

不慮の溺死及び溺水: 16.6 / 18.2 / 17.3 / 18.9 / 20.4 / 21.7 / 19.9 / 19.5 / 19.1 / 19.6

交通事故: 14.9 / 13.5 / 13.3 / 12.9 / 11.7 / 11.2 / 10.4 / 9.7 / 9.5 / 8.9

煙・火災等: 3.2 / 3.2 / 2.9 / 2.9 / 3.3 / 2.9 / 2.9 / 2.4 / 2.0 / 1.9

（H19〜H28（年））

出典：厚生労働省人口動態統計

既存の住宅の良さを生かしながら、現在の建材で断熱性能UP

本来、日本家屋は高温多湿の日本の風土に合わせて建てられてきた。夏に快適に過ごせることを前提に、障子や襖を多用して間仕切りを自由に調整できる風通しのいい間取りに。そして、高い日差しを遮るために庇を長くしている。しかし冬になると、隙間風が入ったり、日差しが入らない暗い部屋ができたりと、寒さを強いられることも多かった。温暖化が進む昨今では、夏に風通しの良さだけで過ごすことが難しくなってきており、一年を通して快適な空間が求められている。既存の住宅を生かしながら、壁や天井に断熱材を施し、二重窓やペアガラスを採用することで、より快適な住まいに生まれ変わる。

窓の断熱化

[樹脂]＋[Low-E複層ガラス]で国内最高レベルの断熱性を実現

YKK APの断熱窓「APW330」は省エネ建材等級において最高等級★★★★を取得

● Low-E複層ガラスだから熱の出入りを軽減。
2枚のガラスの中空層とガラス内側の金属コーティングにより熱の伝わりを軽減。単板ガラスの約4倍の断熱効果を発揮する。

● 樹脂だから結露の発生を軽減。
樹脂の熱の伝わりは、アルミの約1,000分の1。室内外の温度差で生じる結露を大幅に軽減する。

窓の面積の多くを占めるガラス選びが大切。光を取り入れながら、断熱性能も兼ね備えた窓選びがおすすめ。

床・壁・天井の断熱化

古い家の弱点は断熱性能。間取り変更を伴う大掛かりなリノベーションと合わせて、壁や天井に断熱材を施して、断熱補強もしっかりと行う。

お風呂の断熱化

浴槽が発泡スチロールに覆われた形になっているTOTO「魔法びん浴槽」は、断熱構造で温かさが長持ち。4時間後の温度低下をわずか2.5度以内に抑えてくれる。

断熱材の施工やサッシの取り替えで1年中快適な空間へ

地震から家族を守る大切な備え

耐震リノベーション

既存住宅の2倍の性能に！

東日本大震災、熊本地震をきっかけにニーズが高まっている耐震リノベーション。
家は家族を守るもの。いざというときに被害を軽減できるよう
築年数の経過と家の傷みに応じた耐震リノベーションが必要だ。

震災からみる耐震基準と今後の展望

2016年に起こった熊本地震では2000年の新耐震基準以降の木造住宅でも被害が見られた。益城町の住宅約200棟のうち1割が新耐震基準に基づいて建てられたにもかかわらず3〜4割が倒壊、大破した。筋交いが破壊されたものが多く確認されている。
また、阪神・淡路大震災のときには約6,500人の方が亡くなった。そのうち、地震の直接的被害は約5,500人。さらにその中で、建物の倒壊によって亡くなった方は約88％、地震による倒壊が原因で火災が発生し焼死された方は約10％であることから、ほとんどが地震による倒壊の被害と言える。
愛知県での耐震化の現状は、2018（平成30）年時点で、耐震化率は約90％となっている。

代表的な耐震リノベーションの方法

土台、柱の取り替え

水回りの周囲の土台、柱が腐っているというケースはよくあること。家の荷重がかかるところだけに、そのままにしておくわけにはいかない。全てを取り換えることはできないので、継いで部分取り換えになる。浴室工事をすると約7割の確率で大なり小なり傷んでいることも。ひどいところは、通し柱が1mなかったということも。家の角にある浴室だったが、柱の影も形もなかった。湿気とシロアリでやられていたのだが、もし、大きな地震が来たらと思うとぞっとする事例だ。

筋交い補強

木造在来軸組工法は地震などで横揺れしたときに変形する可能性があるので筋交いを入れ補強する。引き抜き力がかかるので土台、柱、桁とのつなぎも金物で補強。この筋交いが途中で切れていたり、土台、柱と接続していなかったりする現場があるが、気を付けて確認したいところだ。

基礎補強

昔は基礎が無筋であったり、逆T字型になっていないものがあった。無筋の場合、鉄筋で既存の基礎につないで内部に基礎を増し打ちしたり、べた基礎にして一体化したりする。外側にスペースがあれば既存基礎の外側を削り、新たに布基礎を打つ方法もある。

金物補強

筋交いを止めたり、桁を止めたり、柱が土台から抜けるのを止めたりとそれぞれの用途によって金物が違ってくる。耐震リノベーションには必要な工事だ。

構造用合板補強

既存建物の耐震補強では、内側から構造用合板を利用するのが効果的。柱、土台、桁などを構造用合板で止めていくと、面で固定するから壁倍率も2.5以上に上がる。

代表的なものを挙げたが、これ以外にも多くの方法がある。プロに現状を見極めてもらい、相談しながら対応を。

耐震リノベーション実例

耐震・断熱設計で耐久性を高め、築47年の我が家を家族参加の自然素材仕上げで居心地のいいものに

築47年の家で暮らしていたH様ご家族。古かった家の耐震性能を高めたかったことが、リノベーションに踏み切った大きな理由。間取りを変更し、特に1階は壁を少なくしたので筋交いや火打ち梁を多く入れて耐震壁を採用。2階も火打ち梁を新しく入れて耐震性をアップさせた。ずっと気になっていた耐震面。プロの目と技術で確かな耐震リノベーションを行ったH様邸は、ご家族に日々安らぎを与えてくれる。

Plan

筋交いの取り付けには耐久力の高い筋交い金物を使用。地震や台風時の水平に加わる力に耐えるための火打ち梁は、子ども部屋に新しく付け替えた。金物の火打ち梁を使っている部分は、露出させると見た目の違和感があるため、壁で隠す工夫もしている。

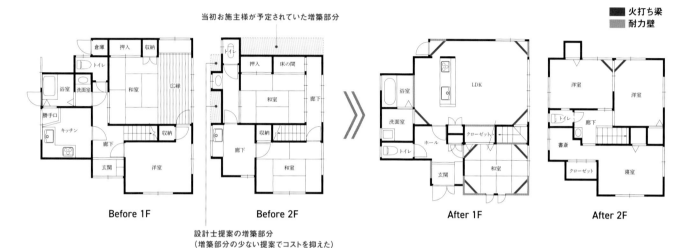

当初お施主様が予定されていた増築部分

■ 火打ち梁
▨ 耐力壁

Before 1F　　Before 2F　　After 1F　　After 2F

設計士提案の増築部分
（増築部分の少ない提案でコストを抑えた）

大胆な間取り変更でゆったりとしたLDKが実現。火打ち梁や耐力壁で耐震面はしっかりと補強している

子ども室の天井には火打ち梁が。耐震構造上必要なものなので梁が生きるプランニングを心掛けた

耐震診断を受診しよう

地震はいつ起こるか分からない。大切な家族の命と財産を守るために備えておこう

地震に対して、既存の建物の強度や安全性を診断してくれる「耐震診断」。建物の構造や経年による劣化、土地の地盤などを踏まえた上で診断される。
[ウイングデザイン事務所]

耐震リノベーションの補助金

住宅性能を高める耐震改修は各種補助金が充実

性能の高い住宅の普及を目的として国や各自治体で補助金制度が設けられており、耐震リノベーションではさまざまな制度を受けることができる。詳細は各施工会社の担当者に聞いてみよう。せっかくの補助金。うまく利用して安心な住まいづくりをしたい。

既存住宅の **2倍**の 性能に!

スッキリとした生活を叶えてくれる

収納リノベーション

暮らしていくと、ものがどんどんと増えてしまう。
散らかった部屋はちょっとしたストレスの原因に。
リノベーションで収納力をUPして、ちゃんとものが収められる空間を実現しよう。

収納力UPのプランニング

戸建てリノベーション〈1F〉

1階に収納スペースがほとんどなかったため、少し増築してパントリーを設けた。玄関は位置を変えることで、シューズクローゼットを確保。

【 BEFORE 1F 】　　【 AFTER 1F 】

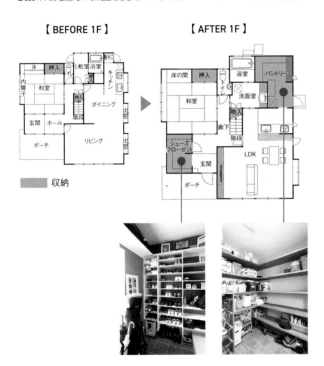

マンションリノベーション

LDだった位置にウォークインクローゼットを新設。ダイニングの壁面収納やクローゼットなど、収納スペースを最大限確保した。

【 BEFORE 】　　【 AFTER 】

リノベーションで造作できる収納

シューズクローゼット

洋室の一部を取り込んで広い土間を造り、シューズクローゼットを造作

階段下のデッドスペースを活用

階段下のデッドスペースに、造作の棚を配置。階段の形状をそのまま取り入れたり、ランダムに配置されたスペースが面白い。下は蓄熱暖房機を置くスペースとして利用している

家族で使える大容量の本棚

ダイニングの壁一面を使って造作した本棚。大容量の本棚はスペースにゆとりがあるので、インテリアをディスプレーするのもおすすめ

POINT
4

心地良い生活を叶えてくれる

自然素材リノベーション

築年数が経った愛着のある家を
新築のようにおしゃれで、体への優しさも考えた住まいに。
壁や床に自然素材を採用すれば、快適で心地良い家へとグレードアップできる。

スイス漆喰の塗り壁で気持ち良く暮らす

自然素材のスイス漆喰「カルクウォール」は、スイス産の最も純粋な石灰砂を使用した天然100%漆喰。
日本の気候風土に適した、優れた機能を持つ体に優しい素材だ。

調湿作用でサラッと快適空間

室内の湿気を吸ったり吐いたりしてくれるので、結露やカビの発生を抑え一年を通してサラッとしたきれいな空気を保つ環境に。

住む人の健康を考えた住まい

強アルカリ性という特徴がカビを抑えるほか、アレルギーや喘息の原因となる化学物質を吸収分解。また生活の中で発生するにおいや汚れも分解する。

いつまでも変わらぬ美しさ

美しい白さを持つスイス漆喰は、光に当たり乱反射することで雪と同じように白く輝きを放つ。ヒビが入りにくく耐久性が高いことも特徴だ。

デザインが自在

塗り壁なので、施工時に家族の思い出の手形や、好きな模様でポイント仕上げが可能。オリジナリティのある愛着のある家に。

スギ・ヒノキ・パイン材など肌ざわりの良い無垢材

無垢材とは、木の板を接着剤などで貼り合わせる合板フローリングとは違い、
木をそのまま使った建材。木本来の質感や香り、風合いが楽しめる。

木の質感が優しく肌触りが良い床

無垢材が持つ柔らかい雰囲気は、スイス漆喰との相性も抜群。素足の時の柔らかい感触や、子どもがゴロンとしたくなる優しい心地は無垢材ならでは。

安心安全で経年変化も楽しめる

木そのものなので化学物質を含まず、調湿効果や天然の抗菌効果がある。また、傷がついてもセルフメンテナンスができ、年月が経つほどに風合いが増す。

リノベーション住宅再生専門店

リノベ建築工房

\ 建て替えの $\frac{2}{3}$ の価格で /

自由設計	断熱**2**倍
耐震**2**倍	収納**2**倍

CONCEPT

耐震・断熱を重視した住宅機能の改善、暮らしに合わせた間取りや
デザイン変更などのリノベーションを行うリノベ建築工房。
中古住宅をまるで新築のような住まいにつくり替え、
しかも新築よりも断然お得!な価格で提案する。
施工エリアは知多半島全域。
譲り受けた中古住宅を再生したい人や、価格を抑えながら
新築レベルの家が欲しい人への要望にしっかり応える。

知多半島での実績と信頼。
予算をしっかり踏まえて新築と同レベルの住まいへ。

リノベ建築工房は、東海市を中心にリノベーションを専門に設計・施工する会社。建て替えとリノベーションを価格・性能・間取り・デザインで比較し、どちらが施主にとって得になるか、要望以上の住まいになるかをプランニング。中古住宅で不安とされる耐震性を現地調査で徹底的に診断し、新築と同等の耐震性能を備えた住宅に引き上げる。断熱性能も2倍にすることで、年中通して快適に過ごせる体に優しい空間に。また、自由設計なのでライフスタイルに合った間取り

や家事動線を計画し、同時に収納力も2倍にしてすっきり片付く住まいにする。価格は家一軒のリノベーションが980万円から。安心の定額制により、建て替えの2/3の価格で新築のような住まいに生まれ変わるのだ。また同社は、新築・リフォーム・外装メンテナンスを行うウインググループの一角なので、メンテナンスなど将来に向けてのサポートもしっかり。知多半島で実績を重ねてきた信頼と強力なバックボーンで、安心で快適な暮らしを応援している。

▷ 大切にしていること

REASON.1

地域密着だからできる迅速対応

東海市を中心に知多半島全域に対応。何かあればすぐに駆け付ける身近な存在として、地元に尽くし地元に愛されることが何より大切と考える。

REASON.2

より良い暮らしのための提案

中古住宅の不安を払拭し、住宅性能だけでなくライフスタイルにも寄り添った新築と同レベルの住まいをつくる。各種助成金の申請などもサポート。

REASON.3

チーム一丸で対応

自社の建築士が設計し、工事も自社監理。職人とは専属で契約しチーム一丸となって施工を行う。また、HRF会という職人や関係会社を集めた団体を結成し「お客様が満足のいく仕事とは？」を常に皆で考え連携をとっている。

リノベ建築工房が選ばれる10の理由

1. 建て替えの2/3の価格

住宅性能をアップさせ、内装も外装も一新した1棟まるごとリノベーションが、建て替えの2/3の価格で。設備機器や建材を豊富なラインアップから選べる定額制商品パックもある。

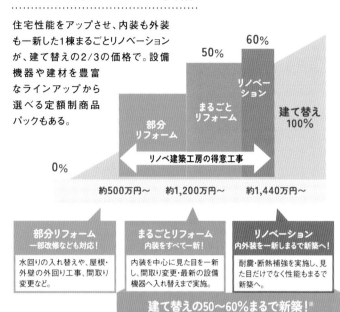

	0%		50%	60%
		部分リフォーム	まるごとリフォーム	リノベーション
				建て替え 100%

リノベ建築工房の得意工事

約500万円〜　　約1,200万円〜　　約1,440万円〜

部分リフォーム
一部改修なども対応!
水回りの入れ替えや、屋根・外壁の外回り工事、間取り変更など。

まるごとリフォーム
内装をすべて一新!
内装を中心に見た目を一新し、間取り変更・最新の設備機器へ入れ替えまで実施。

リノベーション
内外装を一新まるで新築へ!
耐震・断熱補強を実施し、見た目だけでなく性能もまるで新築へ。

建て替えの50〜60%まるで新築!※
※当社比

建築コスト	リノベーション	建て替え
工事費用	1500万円	1800万円
解体工事費用	−	200万円
地盤改良・基礎	−	100万円
外構費用	−	100万円
登記費用	−	50万円
銀行手数料3%	45万円	45万円
合計	1545万円	2295万円

初期費用

リノベーションの方が **1086万円** お得

750万円もお得!!

ライフサイクルコスト	リノベーション	建て替え
固定資産税	1万円×24年※上がる場合もございます。	15万円×24年
光熱費	10万円×24年	10万円×24年
リフォーム・修繕	150万円	150万円
合計	414万円	750万円

維持管理費用

336万円もお得!!

2. 安心の耐震診断

既存住宅をどう補強するか精密に調査。新しい間取りを支えるための新たな柱や梁、耐震金物や合板で補強を施す。新築同様の耐震性能を備えた住宅へと再生する。

3. 高性能の断熱診断

現地調査の結果をもとに、施工後の光熱費シミュレーションを提出する。床・壁・天井に硬質ウレタンフォーム「アクアフォーム」を隙間なく吹き込み、高断熱仕様の窓も採用。新築以上の断熱性能を実現する。

4. 収納2倍で部屋をすっきり

不要なスペースはウォークインクローゼットに。キッチンは片付けやすく取りやすいシステムキッチン＆収納を設置。散らかりやすいリビングは、壁面収納など設計の工夫で収納力を2倍に。

5. 心にも体にも優しい自然素材

室内壁には殺菌や消臭、調湿作用のあるスイス漆喰「カルクウォール」を、外装には自己洗浄能力のあるドイツ漆喰「Sto」を採用。また、床材には無垢材を提案し、快適で心地良い暮らしへの建材を推奨する。

6. 施工品質チェック体制

リノベーションは、新築やリフォームに比べて工事中の現場での確認が多岐にわたる。そこで、施工管理アプリANDPADを使用して、職人とのやり取りも早く正確に連携が取れるように努めている。

7. リノベ選任スタッフ

既存の建物を活かすリノベーションは、工事にも新築やリフォームよりも技術力や知識が必要。リノベ建築工房では営業・設計・工務といった分業体制を採用し、各分野に精通した専門家がサポートする。

8. モデルハウスを体感

完成後のイメージがしづらいことから、実際に1軒丸ごとリノベーションしたモデルハウスを公開している。ビフォーの写真や間取り図と見比べながら、アフターの住まいを体感できる。

9. 相続・減税相談体制

リノベーションは人生で二度・三度とない大きな買い物。「後悔したくない」と考える施主が安心できるよう、ファイナンシャルプランナーや司法書士、銀行のパートナーを紹介して費用面でもサポートする。

10. 補助金情報の提供・サポート

リノベーションには耐震改修工事やブロック塀の補修など、補助金の対象となることがある。リノベ建築工房では施主にとって得になるよう、積極的に補助金情報を提供し、申請のサポートも行う。

商品ラインアップ

リノベーションと一言でいっても、目的によって規模もプランもさまざま。
必要な要素を抑えたパッケージを用意することで、価格の明確化とコストダウンを実現している。

🏠 セカンドライフリノベーション

50～60代の人生の節目を機に、今後の暮らしを再設計するための
リノベーション。余った部屋の活用やバリアフリー工事など、趣味の
充実や安全への配慮などライフスタイルの変化に対応する。

< 相談内容 >

耐震診断／断熱診断／共同ローン／プライベート空間／資産価
値向上／介護に備えバリアフリー

🏠 二世帯リノベーション

二世帯住宅では間取りが重要ポイント。プライバシー優先の生活空
間独立型、家事や育児が協力しやすい融合型など、それぞれの家
族の考えや暮らし方に合わせてプランニングをする。

< 相談内容 >

耐震診断／断熱診断／既存建物調査／相続問題／減税対策／
融資·資金計画／名義変更／プランニング

🏠 離れリノベーション

母屋の離れや倉庫をリノベーションすることで、趣味を楽しむ空間と
して、友人が集う場として、若い夫婦の新居としてよみがえらせる。母
屋から一歩離れた場所にあることで、多様な使い方が可能。

< 相談内容 >

耐震診断／断熱診断／共同ローン／プライベート空間／資産価
値向上／減税対策

🏠 同居リノベーション

高齢になった親と一緒に暮らすため、地元に戻り家をつくりかえる
ケースが増えている。互いが負担にならず助け合って生活できるよ
う、間取りや動線を見直して新たな生活を提案する。

< 相談内容 >

耐震診断／断熱診断／共同ローン／プライベート空間／資産価
値向上／介護に備えバリアフリー

🏠 空き家相続リノベーション

家族や親族の住まなくなった家をもらい受け、自分たち好みに一新
するリノベーション。元々の広い家を活かして、間取りや設備、内装
をガラリと変えて新築のような住まいにする。

< 相談内容 >

相続問題／贈与税対策／トレンドデザイン／耐震·断熱／名義
変更／節税対策／空き家対策

🏠 増築リノベーション

家族が増えたことや生活スタイルの変化により、子ども部屋の増
築、風呂の拡大等水回りが必要な工事、1階居住スペースの拡大な
ど全てに対応。建築確認申請が必要かどうかチェックする。

🏠 住みながらリノベーション

「リノベーションをしたいけれど、引っ越し費用がかかるし体力もな
い」という声にこたえるために、工事計画を明確に立てて、工事音や
水回り使用の問題を解決しながら住みながらの工事を実現する。

★東海市リノベーションショールーム

南欧の邸宅をイメージし、塗り壁など自然素材を
使ったナチュラルテイストなショールーム。豊富
なカタログやサンプルも用意。リノベーション専
門スタッフと一緒に、将来の住まいのイメージを
膨らませよう。相談会も随時開催中。

> リノベーションモデルハウス見学も随時開催。
> 詳しくは問い合わせを!

【所在地】
愛知県東海市
大田町畑間71-1
【フリーダイヤル】
0120-15-2288
(10:00～17:00)

★カタログを豊富に用意

ホームページ
より申し込みを!

リノベーションのヒントや役立ち情報満載
のカタログ資料を用意。耐震や断熱、リノ
ベ建築工房のコンセプト、実例などが詳しく
掲載されている。

【 会社DATA 】

屋号／リノベ建築工房

運営会社／株式会社平松建工

代表者／平松幹尋

創業／昭和46年

設立／昭和60年

所在地／愛知県東海市大田町畑間71-1

TEL／0562-36-1820

営業／8:30～17:30

定休日／水曜

知多半島の暮らしと絆と未来をデザインする
ウインググループ

WING GROUP

ウイングホーム
新築注文住宅/Rasia/GLAMP/
casa carina/建築家と建てる家
home

リフォームウイング
水回り/増改築/自然素材/外構
ナチュラルテイストリフォーム
reform

塗装屋ひらまつ
外壁塗装・屋根塗装/
防水工事

リノベ建築工房
デザインリノベーション/断熱/耐震/
店舗改装/マンションリノベーション

修繕ひらまつ
アパート・
マンション修繕

ウイング不動産
不動産売買仲介/不動産買取
estate

カリーナハウス
障がい者グループホーム
carina house
カリーナハウス

知多半島に密着。ウインググループの強みは高い総合力。

ウインググループは、リノベーションの「リノベ建築工房」、リフォームの「リフォームウイング」、新築の「ウイングホーム」、外装メンテナンスの「塗装屋ひらまつ」などから構成される住宅総合グループ。新築やリノベーションなど新しい住まいの相談から建てた後のメンテナンスまで。また、水回りリフォーム、耐震工事、店舗リフォーム、外壁塗装など住まいに関する事業を幅広く展開している。だからこそ、豊富な商品知識とそれを説明する能力、そして現場対応力があり、どんな提案がお客様にとって最良なのかを考え行動できる。そして末永く安心して家のことを任せられるのだ。

TOPmessage
「三方喜し」

私たち、お客様、そして職人さんみんなにとって喜し。それがウイングの理念です。

先代である私の父親が塗装店を始めて50年。多くのお客様に声をかけていただき、今があると思っています。会社ロゴのWマークの上についている三つの点は、「三方喜し」を表しています。「お客様と従業員さんと職人さんの心と人生を豊かにする」という思いがあります。"お客様"のご要望に合わせて"ウイング"がデザインの提案・手配・工事管理をし、HRF会に所属している"職人さん"が持つ技術で実現することで、お客様に喜んでいただくこと。それが我々ウインググループの喜びです。現在、私の長男が後継者として会社に入り、共に、「若い世代のアイデア」と「守るべき伝統」を共有できる組織を目指しています。今後もこの知多半島エリアで、お客様から必要とされる会社を目指して、これからもウインググループにしか提供できない価値をお届けいたします。

ウインググループ
代表取締役 平松 幹尋

[カーサマルシェ]

暮らしを豊かに、心も豊かに。
心から惚れ込めるモノに出会えるマルシェ。

東海市を中心とした知多半島エリアの方へ、日頃の感謝の気持ちを込めて、毎年10月に、太田川駅東側のどんでん広場にて開催しています。

カーサマルシェの
様子は
\ コチラから!

reform

リフォームウイング

「お客様にとって一番良い!」

困りごとの解決だけでなく、家族構成やライフスタイルまで考えた提案

キッチンやトイレなどの水回り設備の交換から、
スイス漆喰など自然素材を使った内装リフォーム、耐震工事まで幅広く対応。
介護保険やリフォームにまつわる補助金などのお得な情報提供や申請もサポートしている。
その対応力の良さが評価され、顧客満足優良会社（※）に選ばれている。

※リフォーム利用者数NO.1ポータルサイト　ホームプロ評価記録更新中

リビングリフォーム

【予算】80〜120万円（12畳）【工期】10日間〜

家族が集まるリビングは、床や壁の汚れが目立ちやすくストレスにもなる。壁はクロスを替えたり自然素材のスイス漆喰に塗り替えたり。傷だらけのフローリングも張り替えて内装を一新すれば、家族が集まりたくなるリビングに。

水回り4点リフォーム

【予算】250〜300万円【工期】2週間

浴室が寒い、洗面台やトイレの汚れが目立つ、キッチンを広く収納も増やしたい、最新のエコ設備で光熱費を抑えたい、費用をできるだけ抑えたいetc.そんな水回りの悩みに対しお値打ちにリフォームできるパックを用意。

部屋活用リフォーム

【予算】50万円〜【工期】1ヵ月〜

使わない部屋を活用したい、2部屋を仕切る壁を取り払って広い部屋にしたい、趣味部屋をつくりたい、インテリアを変えたいetc.リノベーションとまではいかなくても、暮らしが楽しくなる小規模なリフォーム。

耐震改修工事
＜ 5つのポイント ＞

1.まずは耐震診断
2.診断結果をもとに補強工事の提案
3.建築士有資格者が構造計算したのち耐震補強を行う
4.予算に応じた最低限の補強も可能
5.補助金申請のサポート

CORPORATE GUIDE

【 会社DATA 】　リフォームウイング

フリーダイヤル 0120-15-2288　所在地／愛知県東海市大田町畑間71-1
TEL／0562-36-1820　営業／8:30〜17:30　定休日／水曜

ウイングホーム

home

建築家と建てる、等身大で叶える家づくり

オシャレな家にしたい、自然素材に囲まれた空間で過ごしたい、趣味や子どもとの暮らしを楽しめる自分たちらしい家にしたい…。
それぞれの家族の思いを描く「憧れの暮らし」を叶えるため、ヒアリングを重ねてオンリーワンの住まいをプランニング。
デザイン性、住宅性能はもちろん、予算に対してもさまざまな取り組みを行い"妥協のない家づくり"を進めていく。

特徴1
デザイン・間取り

新しいデザインと暮らしやすさを両立

"毎日の暮らしの中にお気に入りの景色が家の中にある"、そんな特別で愛着が湧くデザイン空間を提案。同時に毎日の家事がラクになる生活動線や、おうちレジャーが楽しめるベランダ空間なども提案する。

特徴2
性能

長期優良住宅が標準仕様

長期優良住宅とは、国が定める一定の基準をクリアした高品質な住宅のこと。外の環境に左右されにくい高気密・高断熱な空間で、年中快適な暮らしを提供。また地盤調査や構造計算を行い、地震に備えた耐震等級3の家を建築する。

特徴3
素地・心地良さ

塗り壁、無垢材などの自然素材

外壁には白さが美しい耐久性のあるドイツ漆喰Stoを採用。室内壁には殺菌や消臭、調湿などの機能を持つスイス漆喰カルクウォール。また、構造材には強度が高いヒノキ材を使い、床材は素足に心地良い無垢材を提案する。

【 商品ラインアップ 】

―建築とつくる注文住宅も、コンセプト住宅も―

▷建築家とたてる家（design casa）

建築家 / 注文住宅
25坪2,062万円＋諸経費

土地選びも含めて、資金計画やプランニングまでの全てを建築家と一緒に。照明計画やエクステリアまでトータルサポート。

▷Rasia

ライフスタイル / デザイン住宅
25坪1,705万円＋諸経費

4つの基本スタイルから選び、要望に合わせてカスタマイズでき、自然素材も採用。建物の質を落とさずコスト削減を可能に。

▷casa carina

ナチュラルテイスト / 自然素材
25坪1,925万円＋諸経費

無垢材や漆喰、テラコッタを使い、南欧の邸宅をイメージしたカーサ・カリーナ。天然木の高断熱玄関ドアなど機能も万全。

▷GLAMP

ホテルライク / グランピング
25坪1,650万円＋諸経費

ホテルライクなラグジュアリーな空間に、"遊び"の要素をプラスした規格住宅。グランピングを楽しめる広々バルコニーなどを採用。

【 会社DATA 】 ウイングホーム

フリーダイヤル 0120-15-2288　所在地／愛知県東海市大田町畑間71-1
TEL／0562-36-1820　営業／8:30〜17:30　定休日／水曜

塗装屋ひらまつ

創業50年。6000件以上の実績と信頼を持つ、知多半島に密着した塗装会社

外壁・屋根塗装の専門店として長年の経験と豊富な知識を生かし、的確な提案と確かな施工で信頼を得ている塗装屋ひらまつ。
その実績が認められ、公共事業も多数手がけている。
最近では外壁や屋根の点検にドローンを使うことで、より確かな診断を可能にしている。

【 塗装屋ひらまつが選ばれる5つの理由 】

1. 自社専属職人が多数在籍

自社職人が施工するので、高い技術によってスピーディな対応が可能。礼儀やマナー面でも高い評価を得ている。中間マージンが発生しないので安心価格で施工できることも強みのひとつ。国家資格一級塗装技能士を保有する職人も在籍。

2. 創業50年!施工実績6000件以上

創業以来、常に外壁塗装・屋根塗装と向き合い、施主に施工後の感動を届けるためにと技術を常に高めてきた。6000件を超える豊富な実績を活かし、施主のニーズに合った最適なプランを立て、経験豊富な職人の施工で大切な家を守る。

3. 安心の保証力

風雨にさらされる外壁や屋根は、施工技術の差がその後の品質に影響を及ぼす。施工技術に圧倒的な自信を持つ塗装屋ひらまつでは、自社保証とメーカー保証のW保証で施工後のアフターフォローも徹底的に行う。

4. 塗装専門ショールーム

ショールームにある住宅模型で完成後の塗装の様子を見ることができる。経験豊富な外壁塗装&雨漏りの専門スタッフがアドバイス。自宅で実際に確認できるよう、塗料カタログや塗り板は持ち帰りも可能。

5. 経営理念と実績

塗装工事を通して、ウインググループの理念である「三方喜し」を大切に経営。20年以上前から愛知県や東海市の公共事業にも携わり、民間の戸建て塗装でも高い基準の施工を行う。その結果として東海市から表彰される。

外壁・屋根の点検をドローンで

足場を組む前の段階で高所の状況を撮影できるので、より正確な診断が可能。またサーモグラフィー付きのドローンを使用し、足場からでは確認しづらい雨漏れ箇所を発見できる。

【 会社DATA 】 塗装屋ひらまつ

フリーダイヤル 0800-200-2875
営業／10:00～17:00
定休日/水曜

東海ショールーム／愛知県東海市加木屋町2-196
半田ショールーム／愛知県半田市宮本町5-302-5
名古屋ショールーム／愛知県名古屋市天白区原4-205

C O R P O R A T E   G U I D E

RENOVATION HOUSE 愛知

2023年9月29日 発行

発　行　人　田中朋博（株式会社ザメディアジョン）

編　集　人　佐伯利恵（株式会社ザメディアジョン）

編　　　集　椋木敬子

編集アシスタント　衛藤潮理（株式会社ザメディアジョン）
　　　　　　　　北村敦子（株式会社ザメディアジョン）

営　　　業　乃万郁美（株式会社ザメディアジョン）

取 材・執 筆　椋木敬子
　　　　　　宮島希世子

撮　　　影　古川公元（株式会社アトリエあふろ）
　　　　　　鈴木暁彦（株式会社アトリエあふろ）

デ ザ イ ン　小西貴久（有限会社デザイン・サン・アイ）

販　　　売　細谷芳弘（株式会社ザメディアジョン）
　　　　　　菊谷優希（株式会社ザメディアジョン）

発　　　行　株式会社ザメディアジョン
　　　　　　〒733-0011　広島県広島市西区横川町2-5-15
　　　　　　Tel.082-503-5035
　　　　　　https://mediasion.co.jp

印 刷・製 本　クリエイティブ事業部ラック有限会社

ISBN978-4-86250-772-3　C0077　¥520E